빛비

시에시선
016

빛비

정바름 시집

詩와에세이

시인의 말

부질없는 짓인 줄 알면서도
또 시집을 낸다.
다소 우발적이었다.
부끄럽고 미안한 일이다.

2018년 10월
정바름

차례__

시인의 말 · 05

제1부

씀바귀 · 13
눈물꽃 · 14
열꽃 · 15
개구리 씨앗 · 16
별에게 · 17
이명(耳鳴) · 1 · 18
이명(耳鳴) · 2 · 20
이명(耳鳴) · 3 · 21
이명(耳鳴) · 4 · 22
1악장 알레그로 · 23
산에서 보았다 · 24
야합 · 25

제2부

득도(得道) · 29
박 원장의 초상(肖像) · 30
살은 척 · 32
수도산(修道山)을 오르며 · 33
관음봉 아래 · 34
그 말 · 36
아홉 수(壽) · 38
산이 되다 · 39
비야골 경전 · 1 · 40
비야골 경전 · 2 · 42
비야골 경전 · 3 · 43
누구였을까, 나는 · 44
낙엽 위험구간? · 46

제3부

거두절미 · 51
벽화 속 예수 · 6 · 52
벽화 속 예수 · 7 · 54
낙인(烙印) · 55
왼발, 왼발 · 56
모가지론(論) · 58
다불유시 출좌우(多不有時 出左右) · 60
미친 봄날 · 2 · 61
미친 봄날 · 3 · 62
미친 봄날 · 4 · 63
엘 샤다이 · 64
낮술을 마시다가 · 65
도끼로 이마까라 상 · 66

제4부

육신 한 짝 · 71
통(通) · 72
납작 · 73
누비아아이벡스의 짝짓기 수칙 · 74
사소한 목숨 · 75
문득 오후 네 시 · 76
간청(懇請) · 77
그 형 · 78
치매 인형 · 80
한라산을 넘으며 · 82
구석으로부터 · 84
빛비 · 86

발문 · 87

제1부

씀바귀

들에 나가 씀바귀를 캤다
씁쓸한 뿌리에서 단내가 났다

인생의 쓴맛을 아는 사람은
쓴맛 속의 단맛을 안다
씀바귀 같은 사랑을 안다
산으로도 오르지 못하고
꽃으로도 기억되지 못하는
지나간 사랑의 아픔을 안다

다시 들녘에 나가리라
모진 겨울 견뎌낸 네 가슴에
오래 묵혀둔 촉수를 뻗어
달고도 쓴 사랑을 하리라

눈물꽃

가슴에 꽃 한 송이 피우고 싶어
꽃씨 한입 털어 넣었다
가슴이 더워졌다
터질 듯했다

민들레가 피었다 지고
구절초가 피었다 지고
숱한 꽃들이 스쳐가는 동안
내 가슴엔 균열이 생겼다

틈마다 그렁그렁
눈물 한 송이
계절 없이 피어났다

열꽃

사랑 없이는
뜨거울 수 없는 일이다
사랑의 열기 없이는
꽃 피울 수 없는 일이다

지난 여름날 뒤척이던
무더운 밤의 기억 때문인가
아득한 옛사랑의 상처가
문득 쓰라렸기 때문인가

여름이 오기도 전
내 몸이 달아올라
짜릿한 사랑도 없이
온몸에 꽃을 피웠다

개구리 씨앗

메마른 밭에 단비가 내리자
푸른 풀 쑥쑥 솟아올랐다
와글와글 개구리 소리도 따라 피었다
저렇게 허다한 말들이 어디에 숨어
생명을 간직하고 있었을까
징그러운 폭염에 말문이 막혀
살으나 산것 같지 않던 세월에도
땅속 깊이 눈물을 감추고
촉촉한 풀섶의 기억을 더듬어
서로의 생명을 다독여가며
모질게 간직한 말의 씨앗들
단비가 내리자 일제히 싹을 틔워
온 들판을 뒤흔들고 있다

별에게

불과 127광년 떨어진 허공에서
새로운 항성이 발견됐단다
광속으로 수백 년을 달려와서는
순식간에 사라지는 별들의 생애

너와 내가 만난 것도
그렇게 잠시 스치는 일이었다
127광년보다 먼 마음의 거리를 좁히지 못하고
너를 떠나보낸 일이 가슴 저미었는데

무려 수십 년이 흐르는 동안 너를 아주 잊고서
불과 수백 광년 달려 지상으로 날아든
또 하나의 별을 맞는다

이명(耳鳴)·1

조그만 씨눈에서 저리 큰 꿈 키웠는가
저녁상 술안주로 올라온 왕새우가
소금구이로 장엄하게 생을 마감하는 동안
허공은 파도처럼 요동쳤으나
아무도 진동을 느끼지 못했다
바다를 가르던 그의 꿈을 한입에 털어 넣고
우리는 기껏
자연산과 양식 새우의 격조를 논하며
서슴없이 모가지를 비틀고 껍질을 벗겨냈다

그의 이력을 송두리째 삼킨 날
그는 내 꿈길을 휘저었다
푸릇하던 감각의 가죽이 벗겨지고
귓속에선 바닷물이 출렁거렸다
살았을 적엔 한 번도 들어본 일 없는
죽은 왕새우의 울음소리가
우웅 우우웅 귓전을 달구어
소금기 독한 망망대해에서 평형 감각을 잃은 채

꿈,

표류하는 거였다

이명(耳鳴)·2

음원(音源)을 알 수 없는 소리가
밤 깊도록 울어댔다
평형을 잃은 몸은 사방
불빛 속으로 흩어졌다
어른들은 귓속에 귀뚜라미가 산다거나
낡을 만큼 낡은 세월이 여기저기
고장을 일으킨 거라 말하지만
이승에 오기 전 태초의 고향에서 들었던
아득한 소리의 기억이
불현듯 되살아난 건지도 모른다
빛과 어둠이 나뉘기 전 창세(創世)의 거리에서
소용돌이치던 혼돈의 기억 때문에
나도 몰래 진동하는지도 모른다
떠나온 기억도 없이
어디론가 돌아갈 것을 아는 영혼이
흐느끼는 가을밤,

깊다

이명(耳鳴)·3

4천 헤르츠의 음역이 교란되고 있다
이승과의 교신이 한결 어려워졌다
같은 말을 되묻거나 없는 소리마저 듣는다
마흔 몇 해를 살아오는 동안
너무 많은 걸 들었던 탓이다

소리는 소리에 그치지 않고
말까지 어눌하게 만들었다
잡된 생각을 일으켜
어디론가 나를 끌고 다닌다
목숨 거두어 가듯 소리를 거두어 가는
거기,
소리 없는 소리의 세계

이명(耳鳴) · 4

새벽 미명에 귀를 쫑긋 세우고
저승에 주파수를 맞추어본다
이승을 빠져나온 소리들이
어지럽게 허공을 떠다닌다
이승과 저승이 하나로 뒤엉켜
채널을 분간할 수 없다
내게 할당된 주파수는
어디로 풀어진 걸까

소리에서 헤어나올 수 없는
내 귀는 탁하다

1악장 알레그로

맹(盲)학교, 찾아가는 음악회
비발디가 새순을 밀어냈다
빠른 속도로 색(色)이 자라났다

딱딱한 껍질을 뚫고 생동하는
그 신비한 색(色)의 향연에 대하여
차마 말할 수 없는 봄날

아이들은 귀를 쫑긋 세우고
숨겨진 색을 더듬었지만
나는 넘치는 색정(色情)을 감춰야 했다

산에서 보았다

봄에는 꽃이 보였고

여름엔 숲이 보였다

나뭇가지 사이로 가을이 흔들리더니

겨울에야 비로소 산이 보였다

산길을 걷고 있는 내가 보였다

야합

바람이 지나간 길을 따라
들판을 걸었네

수풀 속에 가만히
드러누웠네

내 몸에 파르르 물이 오르고
황홀하게 속삭이는 풀잎의 숨결

잠시 숨을 고르고
먼 산을 바라보았네

바람이 다시 빗장을 풀며
스르르 일고 있었네

제2부

득도(得道)

이른 봄비에 낮술 퍼마신 날
소설가 이 선생과 보편적 진리에 대하여
혀 꼬부라진 논쟁이 일었는데

자, 우리 여기 술값 떼먹고
도망이나 쳐볼까?

화들짝 주변을 살피는 내게
이 선생이 남은 술을 넘치도록 부으며

그러면 나쁘다는 게
보편적 진리 아닌감?

대전탑네거리를 지나 집으로 가는 밤
봄비는 보편적 속도로 내리고
길은 젖은 몸을 열어
내 앞에 환히 드러누웠다

박 원장의 초상(肖像)

1
그는 거울을 갖고 있다
한 번도 내려놓지 않은 오래된 거울이다
그의 방은 사방 거울을 둘러놓았다
거울 속의 거울이 거울을 비추고
거울 속에서 다시 거울 속으로 빨려 들어가도
그가 요동하는 법은 없다
간혹 내가 내 모습을 궁금해할라치면
그는 내 눈앞에 불쑥 그의 거울을 내밀곤 했다
몇 번인가 그의 거울을 통해 나를 들여다보았으나
한 번도 내 손에 쥐어본 일은 없었다
둔탁한 황동 빛 테를 두르고
단번에 여러 각도를 비추는 입체적 구조,
깨지기 쉬운 얄팍한 것만 보아왔던 나는
묵직한 그의 거울 앞에서 여러 번 무너져 내렸다
나라고 여겨왔던 내가, 꼭 내가 아니라는 걸 알고는
적잖이 당황한 일도 있었다
그의 거울은 여전히 낯설다

2
무거운 거울을 품고 사는 그는
아예 거울 속으로 들어가 버렸다
그 속에서 말을 하고 그 속에서 물상(物像)을 보고
그 속에서 세상과 소통한다
나도 그의 거울 속으로 빨려들어갈 뻔한 일이 있으나
그는 나를 끌어들이지는 못했다
그는 거울이 자신을 옭아매고 있다는 걸 알아차리곤
멀리 내다 버리려 한 일도 있지만
그가 거울을 버릴 수 없는 건 단 하나
거울이 그를 버리지 않기 때문이다

살은 척

꿈속에서 죽은 친구를 만났다
그간 죽은 척했노라고
아무도 알아채지 못했노라고 했다
꿈을 깨고서도 한참을
정말 그런 줄 알았다

난감한 일을 만나면 나도
그렇게 슬쩍 세상을 비켜갔다
안 그런 척 또는 그런 척
아무도 모를 거라 자위하며
철저히 주변을 속여왔다
나조차 내게 속곤 했다

심지어 나는 오랜 세월을
살은 척하고 있지만
아무도 알아채지 못했다

수도산(修道山)을 오르며

아무도 지나가지 않은
눈 덮인 겨울 산

길을 따라 가다 보니
길이 아니었네

길 아닌 곳을 가다 보니
길이 되었네

눈물로 길을 닦으며
오르고 또 오르는 산

그 산에 함부로 오르지 마라
오르려거든 스스로 길이 되어라

관음봉 아래

동학사 대웅전이 볕을 더듬어
길가에 한 뼘 다가선다
아줌씨 둘이서 영어를 씨부렁거리며 지나가자
무엇이 그리 재밌는지
푸릇한 계집애 서넛이 까르륵까르륵

요사채 문을 걸어 속세를 닫는 비구니는
사는 게 영 못마땅한 표정이다
성속(聖俗)이 한 길로 드나드는데
무엇을 열고 무엇을 닫는 것인가

오래전 먼 동창생 하나가
코미디언 씨부렁거리는 소리에 그만
까르륵 숨이 멎었다는 이야기가 떠올라
오호, 나무관세음보살 관세음보오살

사는 건 다 그런 거라고
죽는 건 또 그런 거라고

씨부렁씨부렁 까르륵
설법을 마친 햇살이 자리를 거두어
총총 마을로 내려가신다

그 말

나 이제 떠나네

말을 뱉고 나니
아내가 깜짝 놀라

떠난다니!
다녀오는 게 아니고?

아이가 학교에 다녀오듯
아내가 직장에 다녀오듯
오늘은 당진 땅 어디쯤 머물다가
밤 이슥하면 집으로 돌아오는 것인데

이 세상 태어날 때
다녀온다 한 기억도 없이
떠나는 그들은 돌아간다 했다
그해 여름 아버지도 그렇게 떠나가셨다

떠난다는 말
이슥토록 돌아오지 않는 자들의
그 말

아홉 수(壽)

며칠간 독한 약을 먹었다
온몸이 거짓말처럼 새하얗게 질렸다
핏기가 사라지자 심장도 멈칫거렸다
그날 밤은 아이를 불러
유언이라도 남길까 망설였다

의사인 친구는 건강염려증이라 진단했다
헤죽헤죽 웃으며 별일 아니라 했지만
별일이다, 떠날 준비도 안 된 나를
자꾸 밀어내려 한다

천명(天命)을 알 수 없는
지천명(知天命) 즈음

가을이라서 아프다
살아 있어 눈물겹다

산이 되다

삼불봉과 관음봉 사이
계룡산 산길에서
한 사내의 심장이 멎었다
바람보다 먼저 온 까마귀가
온 산에 부음을 전하고
갈잎은 서둘러 사내를 감쌌다

산이 또 하나의 자식을 거두는 동안
부처님과 보살님은
전혀 눈치채지 못했다
삶과 죽음을 어쩌지는 못했다

목숨들은 한동안 침묵하였다
마루금을 따라 삶과 죽음이 다시 제 갈 길로 가고
숨을 안긴 사내는
부처가 되거나 보살이 되었다

비야골 경전 · 1

산 아래 작은 밭에 들어서면
거기 경전 한 자락 펼쳐 있어
그 말씀 들으러 가네

옥수수 심은 곳에 옥수수가 자라고
고구마 심은 땅에 고구마가 자라
심지 않은 곳에서 나지 아니하고
가꾸지 않은 곳에서 거두지 못한다는
주옥같은 말씀 한 뙈기
바닥난 믿음을 일으켜 주네

흙을 파야겠네
심지를 굳게 묻고
퍽퍽한 가슴을 일구어야겠네
알곡들과 어깨를 나란히 하고
하늘 뜻 경건히 살피면서

사람처럼 살아야겠네

사람답게 죽어야겠네

비야골 경전 · 2

땡볕에 김을 맨다
뒤돌아보면 여전히 풀밭이다
땀에 흠뻑 젖도록 밭을 갈고 나서야
내가 비로소 사람처럼 느껴진다
징그러운 풀들과 마주하면서
이 무슨 짓인가 생각도 하지만
그래도 재미있고 보람도 있다

다시 김을 맨다
내겐 한낱 재미라지만
누군가에겐 목숨과도 같은 것
목숨 부지한 자들의
눈물과도 같은 것

그러므로 나는
목숨밭을 맨다
바람이 어둠을 몰고 올 때까지
어둠이 내 목숨을 덮을 때까지

비야골 경전 · 3

오래 믿어온 종교를 버리고
새로 얻은 경전,
흙으로 가득 채워진 말씀
욱신거리도록 일궈야
겨우 보여주는 속살

떠받치는 땅 없이
어찌 하늘이 있고
흙으로 돌아가는 인생 없이
어찌 땅이 있으랴

흙이 되라는 말씀
귓전에 쟁쟁하지만
경전을 버릴까, 나를 버릴까
저무는 들판을 서성이다가

나를 버리고 내가 우네
나를 버리지 못해 내가 우네

누구였을까, 나는

1
사람의 탈을 쓰고 오래 살았다
도무지 나의 근원을 알 수가 없다

2
돼지의 탈을 쓰고 식탁에 오른
어느 착한 벗님과
사람의 탈을 쓰고 활보하는
저기 개새끼나 소새끼

3
두렵다, 탈을 벗는 일
낯은 두꺼워지고 탈은 겹겹 쌓여
이승에서 맺은 인연들의
숱한 조롱과 마주하는 일

4
젖은 은행나무가 우수수 탈을 벗는다

조용히 자기를 바닥에 내려놓는다
나도 사람의 탈을 내려놓고
내가 되고 싶다

낙엽 위험구간?

단풍을 보러 떠난 길
마음이 먼저 붉어
가속페달을 힘껏 밟는다
차창에 나뭇잎 안겨들 때마다
깜짝 놀라 멈칫거리는데
새로 산 내비게이션이 경보음을 울리며

낙. 엽. 위험구간입니다

낙. 엽. 위험구간?

놀라워라
하늘에 커다란 눈을 걸어두고
떨어지는 낙엽까지 실시간으로 읽어내는
전지전능한 문명 앞에
숙연히 머리 숙였는데
돌아오는 길에 다시 들었다

낙.석. 위험구간입니다

제3부

거두절미

무거운 대가리는 떼어내고
성가신 팔다리도 잘라내고
안녕, 몸통이여

대가리 없는 사람들이
생각을 멈추고
팔다리 없는 사람들이
행동을 멈추고

그러므로 행복하신가
이 풍요로운 나라에서
우글거리는, 넘쳐나는
거세당한 목숨

안녕, 몸통이여

벽화 속 예수 · 6
―통성기도

삶이 무료한 날 예배당에 앉아
박 집사의 기도를 엿듣는다
부드럽게 하느님을 애무하더니
점점 거칠어지는 숨소리
서서히 몸을 벗어 치부를 드러내고선
눈물 콧물 범벅되어 사랑을 애걸한다
사소한 잘못이라도 죄다 빌어
그대와 한 몸으로 뒹굴 수 있다면
그 풍만한 가슴에 코를 처박고
백번 천번 빌고 또 빌으리
괴성과 신음이 난무하는 밤
하느님은 벗지도 않았는데
그의 기도는 오르가슴으로 치닫고
마스터베이션,
황급히 옷을 여미는
그의 뒤통수가 낯설다

짜릿한 비명도 없이 나는

그대를 만난다

벽화 속 예수 · 7
―밥

자그마한 지하 교회 주일예배
김 집사의 대표 기도가 무르익을 무렵
허름한 칸막이 너머에서
밥 끓는 소리 들린다

예배 후 마주할 밥상
거른 아침까지 든든히 채워줄
저 밥이 기도보다 간절한 것인데
아멘 아멘,
잡념을 물리치려는 몸부림도
한 끼 밥 앞에서 허물어진다

신앙심 깊은 저들은 알고 있을까
우리의 기도가 밥을 향하고 있다는 것을
예수는 늘 우리의 밥이었음을

낙인(烙印)

등 뒤에 뻘건 표시 선명한 돼지들이
고속도로를 달리고 있다

구제역이 눈처럼 뒤덮인 날
어디로 가는지 알 수 없는
목숨의 속도

어제의 목숨이 오늘을 떠돌고 있다
떠돌다가 서산으로 기울고 있다

사람의 목숨도 함께 저무는 오후
돼지를 따라 달려가는 내 목덜미에
벌겋게 찍히는, 저

노을

왼발, 왼발

산행을 즐기고부터
부실하던 왼쪽 무릎에 무리가 왔다
가파른 산길에서 나도 모르게 왼쪽 발을 먼저 내딛고
오른발은 건성건성 끌려다니는 거였다

발의 중심을 바꿔 보려고
오른발, 오른발, 구령까지 붙여 봤지만
몇 발자국 못 가서 다시
왼발, 왼발, 원점으로 돌아와 있었다

내 몸은 자꾸 한쪽으로 쏠렸다
묵은 몸뚱이를 감당치 못하는 왼쪽 무릎은
두두두 두두두 요란한 총소리를 냈고
스틱을 소총처럼 어깨에 메고
군가마저 흥얼거렸다

왼발, 왼발

고함과 욕설 속에 발을 맞추던
먼 옛날 제식훈련의 기억이
높은 산 깊은 골, 적막한 산하*까지 따라와
징그럽게 구령을 붙여대고 있었다

*군가의 노랫말

모가지론(論)

잠결에 휙 비틀어진 모가지가
거칠게 숨통을 조였다
잠시, 목숨이 위태로웠다

숨은 왜 목에 붙어 있는가
콧숨도 아니고 입숨도 아니고
더더구나 좆숨마저 아닌
목숨

그래서 우리는 목을 바친다
어두워가는 하늘 아래거나
도도한 역사의 강물 앞이거나,
심지어는 사소한 오기 앞에서도
입이나 코나 좆이 아닌
모가지를 내놓는다

남은 목숨 성하라고
나는 비록 떠나더라도

그대여, 부디 행복하라고
뎅겅
이 땅 위에 수없이 바쳐진 모가지
모가지가 목 놓아 울고 있다

어디에든 내놓은 일 없으므로
내 모가지는 참 오래도 버텼다

다불유시 출좌우(多不有時 出左右)

당진의 어느 찻집 출입문 위에
정성껏 새겨 놓은 칠언 경구가 있어
다불유시(多不有時) 출좌우(出左右)라
마음에 간직하려고 음미해보니
도통 해석을 허락하지 않는지라
때가 있으되 많지는 않다?
사방으로 나아가라?
나의 무식을 탓하다가
마주앉은 고 시인에게 해석을 청하니
큰소리로 일러 가로되
따불류씨 출좌우,
화장실은 나가서 왼쪽으로, 다시 오른쪽으로
갑자기 큰 깨달음 일었나니
숨겨진 우주의 이치가 이와 같으리
해탈에 이르는 길목마다
해독되지 않는 기호들 있으되
큰소리로 부르고 출좌우(出左右)하면
그 길에 이르리라

미친 봄날 · 2
―꽃이 피다

저 여편네가 왜 또 저기 가 있댜?

아지랑이 가물거리는 봄 들녘
어수룩 늙은 여인이
남정네와 수작하고 있다

저 여편네가 하두 설쳐갖구
남자가 약 먹고 죽어버렸댜, 글쎄
오죽허면 그랬겠어?

봄날엔 주체할 수 없는 뭐시기가 있지
오죽하면 꽃이 피겠어

미친 봄날 · 3

거기에도 꽃이 피오?

당진에서 꽃소식을 전해왔다
종일 진료실에 갇혀 있던 벗이
주둥이를 연신 오물거린다

주둥이를 쫙 찢어야 비로소 봄

개나리 목련 벚꽃과 라일락
철부지 꽃들이 한꺼번에 피어
연분홍 치마에 미친 꽃바람 펄럭이는
봄날은 간다

울컥울컥
그
봄날을 간다

미친 봄날 · 4

201번 버스 기점
열린 차창으로 고개 내민 가시내와
버스 밖 까치발 사내가
입술 도톰히 키스를 나눈다

언제 우리가 저토록
서로를 다 내어주고 또 다 가지려는 듯
뜨겁게 주고받은 일 있었던가

수다를 떨거나 술을 마시거나
산행(山行)길 숨이 턱 차오를 때 겨우 벌려
거친 호흡이나 가다듬던 나의 입술

오늘은 이 주둥아릴
찐하게 놀려보고 싶다

엘 샤다이

고요히 산을 듣는다
산이 나를 듣는다
이곳이 신의 거처가 아니라면
대체 어디에 계신단 말인가

엘 샤다이
당신은 산에서 내려와
사람의 마을로 떠났다
그곳에서 속물이 되었다
전능한 인류의 노리개가 되었다

산기슭을 떠도는 바람 같은 영혼만
신의 흔적을 찾아
쓸쓸히 산을 듣는다

* 엘 샤다이(El Shaddai): '야훼'의 또 다른 이름으로 '산 위의 전능자'란 의미

낮술을 마시다가

멀리서 한 사내가 다가오자
개가 왕왕왕(王王王) 짖었다
사내가 왈왈왈(曰曰曰) 대꾸하자
제법 개소리가 통했다

주거니 받거니
술잔이 오고갔다

사람도 어느 경지에 오르면
개가 되거나
개소리쯤 지껄일 수 있겠다
개도 어느 경지에 오르면
개 같은 인간 정도는 될 수 있겠다

주거니 받거니
개 같은 시절이 흘러갔다

도끼로 이마까라 상

역전의 낡은 식당,
짐짓 근엄한 노인 몇이서
서울시장 후보로 누가 좋은지
눈빛이 결연하였다

아암, 그가 백 번은 낫지

말깨나 하는 노인이 재벌총수를 추켜올리자
일제히 한목소리로 화답하였다
이유도 논리도 없었다
신앙 같은 거였다

난 야당 지지하는 젊은 놈들 대가리를 뽀개서
뇌를 해부해보고 싶어
도대체 어떻게 생겨먹었는지…

밤낮없이 도끼를 들고
아들 손자를 향해 휘두르는
그들의 대.한.민.국

나도 당신의 대가리를 뽀개 보고 싶다

제4부

육신 한 짝

향적산 오르는 길에
버려진 구두 한 짝
힘겨운 산행길에 누가 신고 왔을까
흙이 쌓이고 빗물이 고이고
햇살도 겅중겅중 지나간 뒤
낡은 구두짝에 풀이 돋았다

백골산 오르는 길에
새로 생긴 봉분 하나
외로이 누운 육신 위로
듬성듬성 풀이 자라났다
힘겨운 인생길 또 누가 다녀갔는가
세상에 던져진
육신 한 짝

통(通)
— 마에스트로 임 선생

저승 간 그의 신발을 신고
이승의 거리를 걷는다
그의 신발은 내게 딱 맞는다

이 길은 생전에 그가
즐겨 걷던 길이었다
그의 걸음과 보폭이
아마 이랬으리라

그의 족적에 내 걸음을 포개어
한 발짝 내딛는다
어디에선가 멈추어야 할 내 걸음이
그와 함께 걷는다

저승과 이승을 이어주는
기억의 통로를 걷는다
이승과 저승이 한걸음이다

납작

먼 길 걸어온 신발들이
납작 엎드려 있다

하루해가 저물자
신발처럼 닳고 닳은 사람들은
몸을 훌훌 벗고 어둠 속으로 눕는다

가난한 인생들이 서로를 잇대어
목숨을 충전하는 동안에도
남겨진 신발은 잠들지 못한다
낮고 낮은 바닥에 엎드려
다시 떠날 채비를 한다

저 높은 곳을 향하는 자들의
저 낮은 곳을 떠받쳐주는
저 바닥

누비아아이벡스의 짝짓기 수칙

다른 수컷을 물리쳐야 한다
다 물리쳐야 한다
온몸에 체중을 실어
있는 힘껏 부딪쳐야 한다
상대가 고꾸라지도록 틈을 주지 않아야 하지만
뿔 이외의 어떤 곳도 공격하지 않는다
만신창이가 된 최종 승자는
가까스로 암컷을 차지한다

가끔씩 나는 뿔의 안녕을 확인한다
가파른 바윗길에서 컴컴한 사막에서
야생의 뿔을 벼린다

*누비아아이벡스: 주로 중동의 산악지대나 사막에 서식하는 염소류

사소한 목숨

폭설에 묻힌 진악산
길도 없는 벼랑을 딛다가
허공에 매달린 사이

목숨 거는 일이 이리도 사소한가

돌이킬 수 없는 삶의 족적들
구원의 손길도 없이
벼랑 끝에서 잠시 멈춘 생애

내 목숨은 발버둥치며 나부끼는데

태어난 순간부터 어느 하룬들
목숨 걸지 않은 날 있었는가
진악산 벼랑 같은 하루를 딛고
허공에서 허공으로 흘러온

내 목숨은 오늘도 사소한가

문득 오후 네 시

시계가 시간을 끌고 있다
푸석푸석 육신이 허물어지고 있다

사람이 지구를 돌리고 있다
발바닥마다 묻어나는 지구 한자락
울울창창 먼지꽃이 피었다

낡은 빗자루로 바닥을 쓴다
시간을 따라 돌던 지구의 한 모퉁이에서
지구를 따라 돌던 시간의 한 모퉁이에서
먼지처럼 피었다 사라진
너의 흔적을 지우고 있다

너를 지우지 못하는
나를 쓸어내고 있다

간청(懇請)

추석만 쇠면 나는 그만 떠날란다
니 아버지랑 철썩같이 약속했으니
그리들 알고 잘 살거라

추석을 며칠 앞둔 어느 날
치매를 앓는 어머니가 작별을 고했다
고단한 이승살이를 접으려는 듯
두 눈에 저승 빛이 서렸다

아버지, 기다려 주세요
이승의 짧은 나날
조금만 더 함께하게 해주세요

추석 성묫길
아버지 산소 앞에 절을 올리며
빌고 또 빌었다

그 형

걱정할 거 없어,
누가 죽는대?

죽음 앞에서도 당당하게
오히려 위로하던,

사랑하는 아우야
잘 좀 부탁해

이승의 마지막에서
남은 온기 나누던,

나 죽은 거 아니야,
죽긴 왜 죽어?

영정 속에서 걸어 나와
소주 한잔 부어주고

어디 갔나
홍순이 형

치매 인형

요요요, 이리 와~

움직이는 멍멍이 인형을 진짜 강아진 줄 아는,
밥도 잘 먹고 누룽지도 좋아해 기특하다 칭찬하는,
당신은 맨바닥에 누워도
이쁜 강아지는 폭신한 이불에 뉘고
토닥토닥 잠을 재우는
그러다 히죽히죽 순진하게 웃으시는
어머니,
바보가 된 내 어머니

어머니가 계신 세상은
거룩한 생애가 아니고선 도달할 수 없는 곳
눈물의 강을 건너지 않고선 디딜 수 없는 곳
속물들은 감히 범접할 수 없는
너무 아름다워 펑펑 울고 싶은 세상

오늘도 귀 쫑긋 토끼 인형을 사 들고

어머니에게 간다
깡충깡충 뛰면서 간다

한라산을 넘으며

만년 돌밭길 지나
돌밭으로 이어지는 산길
산죽은 사철 푸르고
주목은 천년 제자리인데

벗이여, 너는 왜 '너'이고
나는 왜 '나'인가

안개 자욱한 진달래밭 대피소엔
태생을 까마득 잊어버린 채
육개장 사발면에 눈독들이고
종일 사람 곁을 배회하는 까마귀떼

벗이여, 까마귀는 왜 까마귀이고
우린 왜 사람인가

그깟 사발면이나 탐닉하며
왜 비굴하게 사느냐 나무라면

사는 게 뭐 그런 거 아니겠냐고
까만 눈 지그시 내리감는

벗이여, 우리는 까마귀인가,
왜 까마귀가 아닌가

구석으로부터
―허윤기의 사진전에 붙임

바닥의 바닥으로부터
새싹은 움튼다
구석의 구석으로부터
뿌리는 걸음을 뗀다

새벽길을 걸어 아침으로 향하는
부지런한 햇살을 기다리며
그렁그렁 이슬 머금은 풀잎에도,
이른 새벽 일터로 향하는
고단한 이웃들의 얼굴에도
밤새 숨죽이며 이어온
생명의 속살 고스란하다

낮은 낮대로 밤은 밤대로
쉬임 없이 전해온 생명의 내력,
바닥에서 구석에서 웅크려 있던
허다한 언어 허다한 몸짓이
너의 손끝에서 온기를 얻어

마음 한 자락 어루만지는

오늘 비로소
온몸을 피워내는 꽃들과 마주한다

빛비

날이 풀리자 목숨줄도 풀렸다
외출을 준비하던 형(兄)은
샤워를 마치지도 못하고
서둘러 세상을 떠났다
평생 마음 편히 살아보지 못한 형은
죽어서야 평온한 표정이었다

선영(先塋)에 유골을 뿌리고
한 생애를 매듭짓던 날
수많은 기억들을 애써 지우며
미처 씻어내지 못한 눈물이
집으로 따라왔다

인연의 굴레를 하나씩 벗으며
소멸로 향하는 길,
새로운 인연은 짓지 말자고
홀가분히 떠나가자고
겨울 햇살이 축축이 내렸다

발문

구석, 그 쓸쓸하고 편안한

박권수(시인)

1.

 삼성동 출판사 거리 오피스텔 한편, 오늘도 그는 아침 일찍 출근을 한다. 부지런해서가 아니라 혼자 집에 있고 싶지 않아서일 거다. 일찍 출근한 아내와 아들, 혼자 집에 있는 것보다는 자기만의 공간에 일찍 자리 잡는 것이 훨씬 편하다는 것을 스스로 알고 있기 때문이다. 출판기념회 플래카드로 적당히 가린 창문과 그 사이로 필요한 만큼의 햇살이 들어와 자리를 지킨다. 커서만 껌벅이는 컴퓨터, 주변을 넘지 않는 오래된 책들, 한 번도 주인보다 먼저 일어나본 적이 없을 슬리퍼 한 짝이 책상 밑 깊은 곳에서 잠시 잠을 청하고 있다. 서로에게 적당한 거리와 사소함에도 넉넉함을 내어줄 수 있는 공간, 그가 가진 구석의 한 부분이기도 하다.

 그런 그가 밤마다 꿈에 시달린다. 사람들 사이에서 갈

등이 생긴 날은 더욱 그렇다. 작고 사소한 소리에도 민감해져 예민한 청각들이 균형을 잃기도 한다. 겉으로 드러내지 않은 긴장과 예민함이 잦은 이명으로 그를 찾아와 귀찮게 했다. 때론 참을 수 없고, 때론 참을 수밖에 없는 현실에 그의 밤들은 뒤척였을 것이다.

그의 시는 무겁다. 무게의 두께를 저울질하다가 그냥 함께 구석에 앉아 버렸다. 그게 편했다. 위로가 필요한 것이 아니라, 스스로 구석에서 나오는 순간을 기다려 볼 뿐이다.

2.
예상했던 바이지만 발문을 부탁받고 부담이 심했다. 짧은 경륜과 부족한 문학적 이해로 그의 시 세계를 들여다본다는 것이 두렵기까지 했다. 마감이 다가오는 시간까지도 자판에 손을 얹지 못하고 내내 서성이며 시간을 보냈다. 후회는 이미 늦어버렸다. 할 수 없이 그와 자주 나누었던 시의 발문에 대한 의미를 되새겨가며 순수하게 다가가 보기로 했다.

그는 어려서 충북 영동군 영동 읍내에서 자랐다. 읍내도 중앙과 구석이 있듯이 그는 구석 쪽에서 자랐던 것으로 기억된다. 구석이라는 것이 때로는 으슥하고 어둡고 외돌아져 보이기도 하지만, 때론 기둥과 기둥 사이에 등을 기대고 주변으로부터 보호받기에 가장 아늑한 곳이 되기도 한다. 살다 보면 소극적이고 조용한 사람에게는 눈에 띄는 중앙보다는 구석이 훨씬 편안하고 안락한 곳임을 직감하는 경우도 많다. 그의 시는 세상의 구석에서 꿋꿋이 견디고 이겨내는 이들의 저항과 힘을 보여준다.

그는 조용하고 말이 적은 편이지만, 자신의 소신을 굽히지 않고 항상 자신의 주변 가까운 것들에 대한 시선을 놓지 않는다. 화려함보다는 작고 사소한 것에 의미를 두는, 그는 술자리에서도 이런 모습을 자주 보여주었다. 그는 많은 사람들이 모이는 자리는 가급적 피한다. 그런 자리에서는 서로에 대한 마음의 대화보다는 서로에게 명함 같은 규격을 필요로 하는 자리라고 가능하면 거리를 두었다. 혹 그런 자리에 간다고 해도 술잔을 들고 여기저기 돌아다니거나 이런저런 대화에 끼어드는 일은 거의 없었다. 가능하면 시간과 감정을 응축하려 했고, 그런 그에게 구석은 항상 적절했다. 그마저도 마주할 사람이 없으면 벽에 기대 세상을 응시했다.

초등학교 자유교양부에서 시작한 그의 문학적 토대는 이후 청소년기 '청시' 문학동아리 활동을 거쳐 청년기에 등단하게 된다. 젊은 나이의 등단이 오히려 부담과 책임이었다는 그는 현실 참여적인 문학청년으로 거듭나게 되었고, 일찌감치 '큰시'에서 활동하게 된다. 어느 날 우연히 그의 청년 시절의 사진을 보고 깜짝 놀란 적이 있다. 검고 윤기 나는 장발에 굵고 강한 얼굴 선, 그리고 짙은 검은색 안경테 속에 이글거리는 눈빛, 흡사 누군가와 닮았다는 생각을 했다. 쿠바의 혁명가 체 게바라, 순간 그와 그의 모습이 겹쳐 보였다. 어느 날 술자리에서 그에게 "참 다행이다. 네가 젊은 날의 모습 그대로 살았으면 아마 지금 이 자리에 없었을지도 모르겠다. 내려놓기 힘든 청춘이었겠지만 어쩌면 그동안 사회가 널 많이도 둔탁하게 만들어 네 명을 유지하게 해주었는지도 모르겠다."라고 위로 반 아쉬움 반으로 말을 건넸던 기억이 있다. 지금은 한결 더 두터워진 나이테로 세상 한구석에 자리를 잡고 있지만 간혹 그의 눈빛이 거칠어지는 날은 균형 잃은 세상을 가만두지 못한다.

    멀리서 한 사내가 다가오자
    개가 왕왕왕(王王王) 짖었다
    사내가 왈왈왈(曰曰曰) 대꾸하자
    제법 개소리가 통했다

    주거니 받거니
    술잔이 오고갔다

사람도 어느 경지에 오르면
개가 되거나
개소리쯤 지껄일 수 있겠다
개도 어느 경지에 오르면
개 같은 인간 정도는 될 수 있겠다

주거니 받거니
개 같은 시절이 흘러갔다
—「낮술을 마시다가」 전문

 그는 평소 과묵하고 낮은 목소리에 자기주장도 강하지 않다. 그는 자신과 다른 생각에는 무관심하거나 거리를 두고 구태여 끼어들려고도 하지 않는다. 구석의 그림자들이 다 그렇다. 그렇지만 때로는 그 구석의 기둥을 위해하거나 구석의 기울기에 변형을 초래하는 것에는 과도하리만큼 극한 감정을 보이기도 한다. 그의 시에 간간이 절제되지 않고 쓰여진 "미친", "주둥이를 쫙 찢어야 비로소 봄" 등등의 극단적 언어의 조합은 내면에 숨어 있는 혁명가의 숨결이기도 할 것이다. 다음의 시를 보면 잘 나타나 있다.

 역전의 낡은 식당,

짐짓 근엄한 노인 몇이서
서울시장 후보로 누가 좋은지
눈빛이 결연하였다

아암, 그가 백 번은 낫지

말깨나 하는 노인이 재벌총수를 추켜올리자
일제히 한목소리로 화답하였다
이유도 논리도 없었다
신앙 같은 거였다

난 야당 지지하는 젊은 놈들 대가리를 뽀개서
뇌를 해부해보고 싶어
도대체 어떻게 생겨먹었는지…

밤낮없이 도끼를 들고
아들 손자를 향해 휘두르는
그들의 대.한.민.국

나도 당신의 대가리를 뽀개 보고 싶다
                    ―「도끼로 이마까라 상」 전문

이에 반해 그런 감정을 차분히 누르고 자신을 보듬거나 스스로를 토닥이는 시들을 보면 아직은 그가 살아야만 하는 이유가 되기도 한다. 그는 시에서 "가슴에 꽃 한 송이 피우고 싶어/꽃씨 한입 털어 넣었"기도 하고(「눈물꽃」), "메마른 밭에 단비가 내리자/푸른 풀 쑥쑥 솟아올"라 "와글와글" 난데없이 "개구리 소리도 따라 피"기도 하고(「개구리 씨앗」), "가끔씩"은 자신의 "뿔의 안녕을 확인"하기도 한다(「누비아아이벡스의 짝짓기 수칙」). 이렇게 그는 시를 통해서 작고 귀여운 아름다운 삶을 꿈꾸기도 한다.

> 메마른 밭에 단비가 내리자
> 푸른 풀 쑥쑥 솟아올랐다
> 와글와글 개구리 소리도 따라 피었다
> 저렇게 허다한 말들이 어디에 숨어
> 생명을 간직하고 있었을까
> 징그러운 폭염에 말문이 막혀
> 살으나 산것 같지 않던 세월에도
> 땅속 깊이 눈물을 감추고
> 촉촉한 풀섶의 기억을 더듬어
> 서로의 생명을 다독여가며
> 모질게 간직한 말의 씨앗들

단비가 내리자 일제히 싹을 틔워
온 들판을 뒤흔들고 있다

—「개구리 씨앗」 전문

3.

그의 시 많은 부분에서 삶과 죽음의 경계를 자주 보게 된다. 무겁고 진하게 드리워진 무기력과 안타까움은 시의 후반부에 이르러서는 자신을 위로하는 또 하나의 이미지로 대신하기도 한다. '산이 되거나, 세상에 던져진 육신 한 짝이 되거나. 부처나 보살이 되거나, 인연의 굴레를 하나씩 벗으며 소명으로 향하는 길'이 되기도 한다.

어느 날 우연히 술자리에서 들은 그의 이야기다.

"아주 어려서의 기억이야. 외할아버지의 입관식과 상여길을 이모 등에 업혀 목격했던 아득한 기억, 근데 당시 난 너무 어렸고 어딜 가는지도 모르겠는데, 하늘은 잿빛이고 울고 있는 엄마의 슬픈 얼굴과 엄마에게서 떨어지지 않으려고 울던 그 어릴 적 기억이 지금까지도 고스란히 남아 있어. 그래서 시를 썼는지 몰라."

어려서 외조부의 상여길에 대한 무거운 기억, 그래서인지 그의 시 많은 부분에서 삶과 죽음에 대한 소재가 많이 등장한다. 아마도 이런 무의식적 불안과 공포는 현실에서 벗어나고픈 몸부림인지도 모른다. 귀결은 협상과

타협이기도 하지만 그의 내면은 여전히 불안하고 무기력하다. 어머니와 떨어지지 않으려는 어린아이의 몸부림이 성장하는 내내 그의 무의식 속에서 자리 잡고 있었는지도 모른다.

그날 밤 술잔을 주고받는 내내 그의 등 뒤에 어른거리는 꽉 움켜진 아이의 작은 손가락을 기억한다. 불안과 어쩔 수 없는 무기력감.

> 향적산 오르는 길에
> 버려진 구두 한 짝
> 힘겨운 산행길에 누가 신고 왔을까
> 흙이 쌓이고 빗물이 고이고
> 햇살도 겅중겅중 지나간 뒤
> 낡은 구두짝에 풀이 돋았다
>
> 백골산 오르는 길에
> 새로 생긴 봉분 하나
> 외로이 누운 육신 위로
> 듬성듬성 풀이 자라났다
> 힘겨운 인생길 또 누가 다녀갔는가
> 세상에 던져진
> 육신 한 짝

—「육신 한 짝」 전문

항상 옆에 있어야 될 것이 사라지거나 멀어질 때 오는 무기력이나 비통함, 우연찮게도 그에게는 이런 이별이 자주 일어났다.

가까운 주용일 동인의 죽음이 그러했다. 갑작스런 그의 죽음 앞에 무겁게 자리 잡은 아쉬움과 무기력감은 밤마다 꿈에게 말을 걸었다. 사라지는 것에 대한 불안과 아쉬움을 꿈으로나마 잡고 있는지도 모른다(「살은 척」).

그 외에도 독일에서 지내며 그의 시에 감동받고 연락을 주고받다가 친해진 오케스트라 지휘자 임 선생님의 죽음 또한 그러했다. 암으로 생을 마감하는 또 한 명의 지인을 보내며 그는 스스로 자신의 생은 미리 짊어져야 할 상흔이 정해져 있는지도 모르겠다고 스스로 무기력에 순응하기도 했다. 임 선생님의 죽음 앞에서 그가 할 수 있었던 것은 그가 남기고 간 족적을 더듬어보는 거였고, 그중에 그가 전해준 구두 한 짝에 잠시 마음을 기대 보는 게 전부였을 것이다(「통(通)」).

어느 날 갑작스런 또 하나의 비보는 큰형의 사망 소식이었다. 자주 보지 못함이 부족함이나 아쉬움을 더 크게 했을 것이다. 예상치 못한 일은 해결하지 못한 커다란 짐을 마음에 오래 두게 된다(「빛비」). "인연의 굴레를 하나씩 벗으며/소멸로 향하는 길" 그는 스스로 인연의 굴레를 하나씩 벗으며 무기력의 틀에서 벗어나고 있는지도 모른다.

날이 풀리자 목숨줄도 풀렸다
외출을 준비하던 형(兄)은
샤워를 마치지도 못하고
서둘러 세상을 떠났다
평생 마음 편히 살아보지 못한 형은
죽어서야 평온한 표정이었다

선영(先塋)에 유골을 뿌리고
한 생애를 매듭짓던 날
수많은 기억들을 애써 지우며
미처 씻어내지 못한 눈물이
집으로 따라왔다

인연의 굴레를 하나씩 벗으며
소멸로 향하는 길,
새로운 인연은 짓지 말자고
홀가분히 떠나가자고
겨울 햇살이 축축이 내렸다

―「빛비」 전문

최근의 일이다. 중대 병원 호스피스 병동, 그와 함께 한 사람의 마지막 숨결을 보았다. 그가 삶에 무척 지쳐 있을 때 함께 산을 타며 말없이도 세상과 마주하는 힘을 챙겨주었던 '심마니 형!', 작곡가이자 합창지휘자였던 그 형을 그는 그렇게 불렀고, 그의 눅눅한 구석에 작은 온기가 되기도 했다. 이름처럼 튼실하고 소박하고 포근한 이미지의 그 형이 떠났다. 세상은 다시 그를 구석으로 몰았고 그는 구석에서 웅크리고 앉아 다시 낮아진 세상을 바라본다. 모든 구석들은 각자의 힘겨움으로 세상에 나서지 못하고 틀과 규격으로 스스로를 가두기도 한다. 홍순이 형이 떠난 후로 그는 저녁마다 혼자 밥 먹는 날이 많아졌다.

걱정할 거 없어,
누가 죽는대?

죽음 앞에서도 당당하게
오히려 위로하던,

사랑하는 아우야

잘 좀 부탁해

　　이승의 마지막에서
　　남은 온기 나누던,

　　나 죽은 거 아니야,
　　죽긴 왜 죽어?

　　영정 속에서 걸어 나와
　　소주 한잔 부어주고

　　어디 갔나
　　홍순이 형

　　　　　　　　―「그 형」 전문

4.

그는 스스로 충족되지 않을 때는 절대 시를 쓰지 않는다. 누구의 부탁이나 청탁이 들어와도 준비되어 있지 않으면 정중히 거절하는 게 다반사다. 그래서 참으로 게을러 보이기도 하다. '큰시' 활동을 하면서도 매달 작품 하나 챙겨오는 꼴을 못 봤다. 그렇다고 작품이 없는 것이 아니다. 자기가 쓰고 싶어서 쓴 시는 매번 시일을 넘기

거나 합평 시간이 지났다는 이유로 함께 보지 못했다. 뿐만 아니라 자신의 감정이 잔뜩 묻어난 시를 누가 이렇다 저렇다 하는 것도 좋아하지 않는 까닭에 주로 동인지가 나온 뒤에나 그의 시를 볼 수 있었다. 우연찮게 특별히 그가 기분 내키는 날엔 "이거 한번 볼래?" 하고 슬쩍 보여주는 정도이다.

그런 그가 어느 날 남의 부탁으로 쓴 시가 있었다. 어느 후배의 사진전에 축하시 한 편 부탁받아 써준 시였다. 절대 남의 부탁이나 권유에 의해 시를 쓰지 않는 그의 성품에 비하면 참 어렵게 쓴 시임에는 분명하다. 딸의 SNS 블로그에 떠다니던 이 시를 우연히 보게 된 나는 오랫동안 옆에서 보아온 그의 시적 기본 정서와 추구하는 삶의 이미지가 너무 잘 표현되어 '잘 보았다'는 문자를 보냈다. 그러나 그에 대한 답변은 단순하기 그지없었다. 부탁에 의해 쓴 시라고, 그래서 그 스스로 큰 의미는 두지 않는다는 것이다. 참으로 까칠한 인간이다. 그럼에도 그의 이런 속성에 끌리는 이유는 무엇일까. 드러남이 아닌 작고 낮은 것들의 속성을 그와 공감하기 때문일 것이다.

　　바닥의 바닥으로부터
　　새싹은 움튼다

구석의 구석으로부터
뿌리는 걸음을 뗀다

새벽길을 걸어 아침으로 향하는
부지런한 햇살을 기다리며
그렁그렁 이슬 머금은 풀잎에도,
이른 새벽 일터로 향하는
고단한 이웃들의 얼굴에도
밤새 숨죽이며 이어온
생명의 속살 고스란하다

낮은 낮대로 밤은 밤대로
쉬임 없이 전해온 생명의 내력,
바닥에서 구석에서 웅크려 있던
허다한 언어 허다한 몸짓이
너의 손끝에서 온기를 얻어
마음 한 자락 어루만지는

오늘 비로소
온몸을 피워내는 꽃들과 마주한다
—「구석으로부터」전문

그의 본명은 '정환정(鄭煥正)', 이름 속에 '바를 정(正)' 자가 들어 있다. 그런 연유로 그가 청년 시절에 '정바름'이란 이름으로 개명하고 스스로 '바름'의 길을 선택한 것이다. 무모하리만큼 삶에 대한 도전이기도 하고 한편 자신에게는 그만큼의 냉정함과 혹독함이기도 하다. '바르다'는 틀에 스스로를 가두고 그 틀에 의미를 부여하며 살아가는 이 바보가 난 좋다. 그러나 그런 삶이 평온하거나 무던할 턱이 없다.

시에서는 더욱 그 틀이 견고하여 청탁의 기회가 와도 자신의 글방이 차 있지 않으면 문을 열지 않는다. 부탁한 이에게 미안하고 송구한 일이긴 하지만 그래도 청탁의 책임과 의무를 결코 가볍게 보지 않는 까닭이기도 하다. 그가 운영하는 출판사 일에서도 문학적 결례를 보이거나 과도한 사치를 요구하는 이에게는 손해를 보더라도 계약을 해지하기도 한다. 가난이 달리 비껴갈 수 없는 까닭이다. 그러나 이런 가난이 수십 년을 지켜온 출판사의 기둥이 되었고 그 사이사이 출판된 책들의 보금자리가 된 까닭이기도 하다.

덥수룩한 턱수염에 가끔 안경을 밀어 올리며 눈을 껌벅이는 최근의 그의 모습은 청년 시절의 혁명가와는 전혀 딴판이기도 하다. 하지만 한 번 어긋나면 두 번 다시 쳐다보지 않는 괴팍함은 냉정하기까지 하다. 아마도 이런 괴팍하고 평범하지 않음이 시인이란 호칭을 받고 있는지도 모른다. 그래서 외롭고, 그래서 고독하고, 그래서 현실에 잘 적응하지 못하는지도 모른다.

어느 날인가는 왠지 어색한 모습으로 장화에 밀짚모자를 쓰고 그가 나타났다. 농사를 지어 보려 한다는 것이다. 시골 출신이긴 하지만 읍내에서 자란 터라 농사일도 모를 거라는 생각에 자못 그의 속내가 궁금했다. 결국엔 그의 이런저런 실수담을 들으면서 웃을 수밖에 없었다. "그럼 그렇지." 하는 친구의 웃음에 화가 나기도 하겠지만 그는 매번 만날 때마다 많은 얘깃거리를 들고 왔다. 얘기 속에서 함께 웃고 위로도 해주면서 그는 자신의 얘깃거리가 누군가에게 웃음을, 또 누군가에게는 위로가 되는 그런 의미를 좋아했는지도 모른다.

그는 농사를 짓는 것이 아니었다. 도시에 지친 삶에서 잠시 벗어나 못다 한 어린 시절을 느껴보려 했는지도 모른다. 수확의 기쁨보다는 애써 움튼 새싹의 파란 기운을 좋아했고 거친 밭의 표면을 뚫고 올라오는 생명의 숨소리에 더 많은 관심을 보였다. 시작하는 작은 것들에게 말을 걸고 물을 주고 지지대를 세워주는 것을 즐거워했다. 산짐승이 내려와 다 자란 옥수수나 배추를 엉망으로 만들고 간 뒤에는 씁쓸한 표정을 짓기도 했지만 넘어진 지지대와 잘려나간 배춧잎을 감싸며 최대규 시인(큰시

동인)과 둘만의 수다를 끈으로 묶기도 했다. 최대규 시인은 농사에도 해박하지만 산과 들의 수많은 생명들에게도 관심이 많았고, 작고 약한 것들을 볼 때마다 손으로 호호 불며 그들을 감싸 안았다. 그런 모습이 그에겐 소중했을 것이고 그와 함께하는 시간 또한 즐거웠을 것이다. 그래서 농사지으러 가는 내내 둘은 행복했는지도 모른다. 새로운 얘깃거리를 안주 삼아 먹는 저녁은 나도 더불어 행복했다. 버리고 잃어가면서 얻어지는 것들, 그는 그런 삶을 느끼고 행복해하고 즐기고 있었다.

> 흙이 되라는 말씀
> 귓전에 쟁쟁하지만
> 경전을 버릴까, 나를 버릴까
> 저무는 들판을 서성이다가
>
> 나를 버리고 내가 우네
> 나를 버리지 못해 내가 우네
>
> ―「비야골 경전·3」 부분

그는 항상 말했다. 체험을 토대로 하지 않는 시는 큰 울림을 주지 못한다고. 그래서 그는 억누르고 기다리는 법을 배우려고 애쓰고 있다. 농사도 출판사 일도 스스로

강박의 틀에 가둬두고 그 안에서 참을 수 없는 몸부림의 산물들이 하나둘씩 튀어나올 때까지 기다리고 있는 것이다.

5.
구석의 그림자는 햇빛의 높낮이에 따라 길이를 달리했다.

최근 그가 사회적기업 활동에 관심을 보였다. 가까운 지인 소개로 작은 체임버 오케스트라에 합류하여 음악에 문학의 옷을 덧칠하는 공연 해설과 스토리텔링을 맡게 된 것이다. 조용하고 소극적인 그가 이 일에서만큼은 활동적이고 적극성을 보이기도 했다. 무척 즐거워 보였고 일이 많아져서인지 요즘은 점심도 자주 같이 못했다.

맹(盲)학교, 찾아가는 음악회
비발디가 새순을 밀어냈다
빠른 속도로 색(色)이 자라났다

딱딱한 껍질을 뚫고 생동하는
그 신비한 색의 향연에 대하여
차마 말할 수 없는 봄날

아이들은 귀를 쫑긋 세우고
숨겨진 색(色)을 더듬었지만
나는 넘치는 색정(色情)을 감춰야 했다
　　　　　―「1악장 알레그로」 전문

　최근 그는 다시 구석에서 나와 타인 앞에 서기도 하고, 주변에 타인을 빛내는 조명으로 자신을 이끌어 가기도 한다. 즐거워하고 애쓰는 이런 모습은 젊은 시절의 사회 참여와는 다른 모습이기도 하지만 지금 그는 구석에서 나와 가운데에 서 있고 불안하거나 두려워하지도 않는다. 오히려 그 자체를 즐기고 행복해한다. 이런 그의 모습은 아름답다. 구석으로부터 나와 사람들 앞에 서고 스스로 불을 밝힌다. 모차르트나 비발디의 음률 위에 시를 분칠하고 그 시 위에 다시 음률을 입힌다. 그의 단아한 옷매무새가 힘찬 그의 몸짓과 함께 웃고 있다. 그게 그의 행복이고 자신이 추구하는 삶이었는지도 모른다. 오늘도 그는 작은 학교나 지하철역, 요양원 등에서 스스로 분칠이 되어 불을 밝히려 한다. 스스로를 밝혀 주변을 비추려 하는 그의 모습이 이젠 어색하지 않다.

　6.
　청명한 날이면 산에 오른다. 앞만 보고 달리는 나와 달리 그는 산을 오르면서도 작은 꽃, 뒤엉킨 나무, 둥지에서 떨어진 작은 새 등등을 살피느라 정상에 오르는데 한참이 걸린다. 한참 세상을 바라보다 멀리서 다가오는 그를 바라보면 그는 더없이 여유롭다. 무턱대고 앞장서는 나를 그는 오히려 뒤에서 물끄러미 쳐다보기만 한다. 정상에 서면 어디로 내려갈지 아는 그와 어디로 내려갈지 모르는 나의 차이점이 분명해진다. 내려가는 길은 편안하다. 누군가의 등만 바라보고 걸어갈 수 있는 세상은 내게 여유와 위로를 준다. 그런 그의 등에 이번엔 내가 선물을 주고 싶은데 그게 쉽지 않다. 발문을 부탁받을 땐 잘해줄 수 있을 듯싶었는데 생각보다 부족한 내 능력에 미안하고 안타까움이 앞선다. 그저 그의 삶과 생각들에 편중될 수밖에 없는 발문에 맘이 편치 않다. 다만 여기서는 그의 시에 대한 배경과 의미를 제목과 함께 올려보는 것으로 의미를 두려 한다. 시는 다음에 더 많은 동료들이 해설도 해주고 비평도 해줄 거라 믿는다.

그는 사람을 좋아하고 사람에게 묻어나는 사람 냄새를 좋아한다. 그런 그가 사람을 거부한다는 건 아픔이다. 또다시 구석으로 돌아가 자신을 웅크리지 않았으면 좋겠다. 이 밤 내내 어느 한 시인의 삶이 세상에 밝게 빛나길 바라는 맘으로 더 이상 미룰 수 없는 발문을 쓴다.

빛비

2018년 10월 17일 초판 1쇄 펴냄

지은이 _ 정바름
펴낸이 _ 양문규
펴낸곳 _ 詩와에세이

신고번호 _ 제2017-000025호
주　　소 _ (30018)세종특별자치시 조치원읍 돌마루5길 2, 104호
대표전화 _ (044)863-7652, 070-8877-7653
팩시밀리 _ 0505-116-7653
휴대전화 _ 010-5355-7565
전자우편 _ sie2005@naver.com
공 급 처 _ 한국출판협동조합
주문전화 _ (02)716-5616
팩시밀리 _ (031)944-8234~6

ⓒ정바름, 2018
ISBN 979-11-86111-55-0 (03810)

* 지은이와 협의하여 인지는 생략합니다.
* 이 책 내용의 전부 또는 일부를 재사용하려면 반드시 지은이와
  詩와에세이 양측의 동의를 받아야 합니다.
* 책값은 뒤표지에 표시되어 있습니다.
* 본 사업은 대전문화재단, 대전광역시로부터 사업비 일부를
  지원받았습니다.

이 도서의 국립중앙도서관 출판예정도서목록(CIP)은 서지정보유통지원시스템 홈페이지(http://seoji.nl.go.kr)와 국가자료공동목록시스템(http://www.nl.go.kr/kolisnet)에서 이용하실 수 있습니다.(CIP제어번호: CIP2018030979)